楽しい体操インストラクター

斎藤道雄 著

脳も体も一緒に元気になる長生き体操40

付 タ□□□□10

グー

チョキ

パー

黎明書房

はじめに

「楽しい」が健康と長生きの秘訣

いきなりですが，「コグニサイズ」ってご存じですか？

一言で言えば，「運動＋認知トレーニング」。

たとえば，歩きながら掛け算をする。
足ぶみしながら，しりとりをする。

体を動かしながら頭も使う。
運動不足解消にも，脳の活性化にもなる。
まさに一石二鳥，というわけです。

が，しかし！

むずかしすぎます。

ボクが体操支援をしているシニアにはむずかしすぎるのです。

ボクが体操をするのは，特別養護老人ホーム，有料老人ホーム，デイサービスなどなど。

対象者は，認知症の人。
片麻痺の人。
介護を必要とする人が多数いらっしゃいます。
そんな方々に対して，そのまんまの「コグニサイズ」をしたら？

まず，体操をしてもらえません。
あたりまえです。
だって，そのまんましたら，むずかしい，できない，つまらない。

楽しくなければ，体操してもらえない。
それがいくら健康によいことであっても。
これがボクの現場のリアルです。

ならば，どうしたらいいか？
答えは，かんたん。
体操を楽しくする。
楽しければ元気が出ます。
元気が出れば体が動きます。
それが，健康と長生きの秘訣です。

ということで，この本のテーマはこれ。

楽しくて，かんたんな，運動＋脳トレ。

では，詳しく説明します。
この本は，
① 介護老人保健施設や特別養護老人ホームなどで，
② 心身機能が低下しがちなシニアと支援者が，
③ いっしょに楽しんで体を動かして，
④ 運動不足解消と脳トレをするための本です。
⑤ おうちで，おひとりさまのシニアにもご活用いただけます。

「この種の体操の本はうちではむずかしくて無理」

という話をよく聞きます。

そんな人たちのために，実際の介護現場で役立つような本をつくりました。
この本を読んで，楽しく，かんたんに，体と頭の体操をしてください！
そして，みなさんが，いつまでも元気でいられますように！

みちお先生の長生き体操 10 の特長

1　**脳トレ＋運動**
頭を使う体操と体を動かす体操を同時にします。

2　**運動不足解消になる**
すき間時間，食前，食後など，いつでもどこでもできます。

3　**脳を活性化する**
見て，聞いて，考えて，頭を使う体操があります。

4　**歌う，声を出す**
歌ったり，かけ声を出したりします。

5　**笑える，楽しい**
体操に笑いのテクニックがあります。

6　**準備なしでできる**
道具，準備一切不要です。　※「タオル体操」を除く

7　**座ったままでできる**
椅子に腰かけたまま，立ち上がったりしなくてもできます。

8　**かんたんにできる**
複雑でむずかしい動きはありません。シニアにかんたんにできる動作です。

9　**介護現場のレクや体操に役立つ**
支援者に役立つ体操の本です。

10　**一人からできる**
シニアおひとりさまにも活用できます。

この本の使い方

① はじめにおススメの体操をしましょう！

↓

② ほかの体操にもトライしましょう！

↓

③ お気に入りの体操があれば，おススメの体操と入れ替えましょう！

朝の おススメ体操	**❶ 3つ吸って5つ吐いて** ↓ **9ページ** お気に入りの体操記入欄	
昼の おススメ体操	**❷ イカのかかし→ 10ページ** お気に入りの体操記入欄	
夜の おススメ体操	**㉔ 超スローモーション** ↓ **32ページ** お気に入りの体操記入欄	

も く じ

 Ⅰ ちょこっとウォームアップ

 Ⅱ 脳と体が元気になる体操

Ⅲ 笑って元気になる体操

付　タオル体操 10

① ３つ吸って５つ吐いて

カウントに合わせて，息を吸ったり吐いたりしましょう！

ねらい
とききめ　(リラックス)　(姿勢保持)

楽しみかた

① 支援者は，１から８まで，声を出してカウントします。

② シニアは，３つ数える間（１～３）に息を吸って，５つ数える間（４～
８）に息を吐き出します。

③ 一休みして，４回繰り返します。

みちお先生のケアポイント

・「１・２・３」を徐々に強く，「５・６・７・８」を徐々に弱く言うと効
果的です！

笑いのテクニック

・カウントのスピードに緩急をつけると笑いが生まれます！

② イカのかかし

頭の上で指先を合わせて，片足立ちをしましょう！

ねらい
とききめ　(足腰強化)　(声を出す)

楽しみかた

① 頭の上で指を合わせて，三角形をつくります。
② 支援者が「イカ！」と言ったら，シニアも「イカ！」と元気に明るく声を出ながら，どちらかの足を上げて，片足立ちをします。
③ 足を替えて同様にします。（交互に４回繰り返し）

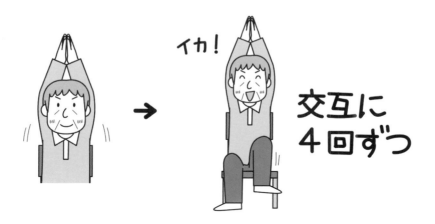

イカ！

交互に
４回ずつ

みちお先生のケアポイント

・むずかしいときは，足を上げずに，両手で頭をさわるだけでもオッケーです！

笑いのテクニック
・支援者は「いぬ！」「かい！」など，想定外の言葉を言って，シニアの反応を見るのも楽しいです！

③ うなずき体操

「なるほど〜」と声を出して大きくうなずきましょう！

ねらい\nとききめ 〔 首のストレッチ 〕 〔 声を出す 〕

楽しみかた

① 背筋を伸ばして，腕組をします。
② 「なるほど〜」と声を出しながら，ゆっくりと大きくうなずきます。
③ オーバーアクションでどうぞ！（４回繰り返し）

なるほど〜

４回繰り返す

みちお先生のケアポイント

・誰かとやるときは，相手の目を見て，目と目を合わせてしましょう！

笑いのテクニック

・ときどき，手をたたいたり，ひざをたたいたり，ほかの動作を混ぜるとおもしろさがアップします！

④ 息抜きストレッチ

深呼吸しながら，体を回していきましょう！

▌ねらい
　とききめ 　（血行促進）（リラックス）

楽しみかた

① 　両腕を下に伸ばして，リラックスします。
② 　息を吸いながら体を右側へ向けて，吐きながら左側にゆっくりと回していきます。
③ 　一休みして，反対の動作を同様にします。交互に２回ずつ繰り返します。

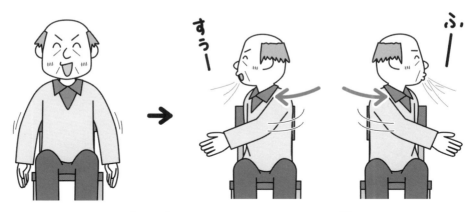

左右交互に２回ずつ

みちお先生のケアポイント

・あまり無理せず，ゆっくりとていねいにしましょう！

笑いのテクニック
・最後は，自分の中で一番いい顔をして終わると楽しいです！

⑤ エアーピンポン

ふたりで卓球をするマネをしましょう！

ねらい
とききめ　┃　(手先の器用さ維持)　(イメージ力アップ)

楽しみかた

① 　シニアは支援者と向かい合わせになります。

② 　手のひらをラケットのかわりにして，ふたりで卓球をするマネをします。

③ 　「スマッシュ！」で強く腕を振ったり，「カット！」と切るようにしたり，
ランダムに繰り返します。楽しんでどうぞ！

みちお先生のケアポイント

・「はい！」など声をかけながらすると動作がしやすいです！

笑いのテクニック
・わざと空振りのマネをしてもおもしろいです！

⑥ ゴメンナサイじゃんけん

勝ったら腕組，負けたら両手を合わせてゴメンナサイしましょう！

ねらい とききめ	肩の柔軟性維持	表現力アップ

楽しみかた

① 支援者とシニアでじゃんけんをします。

② 勝った人は怒った顔をして腕組を，負けた人は両手を合わせてゴメンナサイの動作をします。

③ いかにもそれらしい感じで，どうぞ！

勝った人　　　　負けた人

みちお先生のケアポイント

・むずかしいときは，負けた人（だけ）がゴメンナサイしてもオッケーです！

笑いのテクニック

・（わざと間違えて）負けたのに腕組して怒るのも楽しいです！

❼ パンチとチョップ

グーで負けたらパンチ，パーで負けたらチョップしましょう！

**ねらい
とききめ**　　〈 腕のストレッチ 〉〈 肩の柔軟性維持 〉

楽しみかた

① 支援者とシニアでじゃんけんをします。
② グーで負けたらパンチするマネを，パーで負けたらチョップするマネをします。
③ 勝った人は拍手して応援をどうぞ！

みちお先生のケアポイント

・「じゃんけん・ぽい！」と元気に声を出してどうぞ！

笑いのテクニック
・勝った人が，パンチ（または）チョップをされて「やられた〜」とマネをすると盛り上がります！

15

⑧ タコとイカ

タコになったつもりで唇を突き出して，頭の上で手をぶらぶらしましょう！

ねらい
とききめ 〔 顔の体操 〕 〔 肩の柔軟性維持 〕

楽しみかた

① タコの口（唇を前に突き出して）をして，頭の上で両手をぶらぶらします。（タコの動作）
② 口を横にひらいて，胸を張って，頭の上で両手の指先をつけたり離したりします。（イカの動作）
③ タコとイカをランダムに繰り返します。

タコ　　　　　イカ

みちお先生のケアポイント

・むずかしいときは，口の動作をカットしてもオッケーです！

笑いのテクニック
・支援者がおもしろがってすると，シニアもノってくれます！

❾ ドレミファストレッチ

両手を上げながら「ドレミファ……」を発声しましょう！

| ねらい
とききめ | 腕のストレッチ | 声を出す |

楽しみかた

① 両手を前に出して，手のひらを下にして，「ド〜」と声を出します。

② 同様にして「ド・レ・ミ・ファ・ソ・ラ・シ・ド」の順に行います。

③ 音階が上がるごとに手の高さを徐々に上げていき，最後の「ド」はバンザイをして終わります。

みちお先生のケアポイント

・「ド・シ・ラ・ソ・ファ・ミ・レ・ド」と，逆に③〜①の動作をするのも面白いです！

笑いのテクニック

・最後の「ド〜」の音だけ，わざと音階をハズしても笑いになります！

17

⑩ パンパンホイ！

同じ方向を見ないように顔を動かしましょう！

| ねらい
とききめ | 反応力アップ | 首のストレッチ |

楽しみかた

① 支援者はシニアと向かい合わせになります。

② （支援者とシニアはいっしょに）手を2回たたいて，支援者は上下左右いずれかの方向に顔を動かします。

③ シニアは支援者と同じ方向を向かない（違う方向を向く）ように顔を動かします。（ランダムに繰り返し）

みちお先生のケアポイント

・支援者はうなずきながら手をたたくと，シニアのリズム感がよくなります！

笑いのテクニック

・支援者はシニアの目を見てすると，シニアは支援者の動きにつられやすくなります。

⑪ 顔じゃんけん

顔の表情だけでジャンケンしましょう！

ねらい
とききめ　　(顔の体操)　(表現力アップ)

楽しみかた

① 支援者はシニアと顔でジャンケンをします。
② グーはしかめっ面，チョキはニッコリ笑顔，パーはビックリ顔です。
③ 出来る限りオーバーアクションでどうぞ！

グー　チョキ　パー

みちお先生のケアポイント

・むずかしければ，口だけでしてもオッケーです！　グーは口を閉じる，
　チョキはタコの口，パーは口を大きくあける。

笑いのテクニック
・表情に身振り手振りを加えてすると盛り上がります！

⑫ はっけよいのこらない？！

「のこった！」の合図で両手を前に押し出しましょう！

▌ねらい
  ときさめ　　〔 腕のストレッチ 〕〔 反応力アップ 〕

楽しみかた

① 支援者は「はっけよい〜」と言ったら，シニアは足をひらいて両手をひざの上に置きます。

② 「のこった！」と言ったら両手をパーにして前に押し出します。

③ ただし，「のこらない！」と言ったら，そのままの姿勢で動きません。
   シニアは「のこった！」と「のこらない！」を聞き分けて動作しましょう！

みちお先生のケアポイント

・足裏全体を床に押し付けるようにすると安定します。

笑いのテクニック

・「はっけよい〜」と言った後に，また，「はっけよい〜」と繰り返しても
　笑えます！

⓭ もしかめ太郎

「うさぎとかめ」と「浦島太郎」を同時に歌いましょう！

▌**ねらい**
とききめ　〔 声を出す 〕〔 リズム体感 〕

楽しみかた

① 　支援者とシニアは，頭の上で手をたたきながら歌を歌います。

② 　支援者は「うさぎとかめ」（もしもしかめよ～）を，シニアは「浦島太郎」（むかしむかし浦島は～）を，それぞれ同時に歌います。

③ 　相手の歌につられないように，最後まで自分の歌を歌ってください！

みちお先生のケアポイント

・むずかしいときは，同じ歌をいっしょに楽しく歌いましょう！

笑いのテクニック

・途中で混乱してきたら，思い切ってずっこけると盛り上がります！

⑭ 手拍子足拍子

手は３拍子，足は４拍子，手足同時に動かしましょう！

ねらい
とききめ　　〔足腰強化〕　〔集中力アップ〕

楽しみかた

①　１・２・３と３回手をたたいて，４で１拍休みます。
②　片足を横にひらいて戻します（１，２）。反対の足も同様にします（３，４）。
③　これを手と足で同時に繰り返します。

みちお先生のケアポイント

・むずかしいときは，ふつうに足ぶみしながらしてもオッケーです！

笑いのテクニック
・混乱したら，困り果てたように頭を抱えてしまっても笑えます！

⑮ 笑って伸ばして

それぞれの指をできるかぎりまっすぐにピンと伸ばしましょう！

**ねらい
とききめ** (手先の器用さ維持)(集中力アップ)

楽しみかた

① 支援者とシニアで向かい合わせになります。

② 支援者はランダムに指を伸ばして，シニアはそれを見てマネをします。

③ 指先に意識を集中して，なるべくまっすぐにピンと伸ばしましょう！

みちお先生のケアポイント

・あわてずに，ひとつ一つゆっくりとていねいに動作しましょう！

笑いのテクニック

・とくに薬指がむずかしいです。思い通りに伸びないのを笑いにすると楽しいです！

⑯ 数えてグーチョキパー

声を出して数えながら，グーチョキパーをしましょう！

ねらい
とききめ (声を出す)(巧緻性アップ)

楽しみかた

① 　両手でグーチョキパーをします。
② 　1〜10まで，声を出して数を数えます。
③ 　これを同時にします。一休みして，4回繰り返します。

4回繰り返す

みちお先生のケアポイント

・元気に声を出してすると，運動効果がアップします！

笑いのテクニック
・「パーのところで手をたたく」ようにすると，混乱して笑えます！

⑰ 答えは何歩

掛け算の答えの数だけ足ぶみしましょう！

ねらい
とききめ　（足腰強化）（計算力アップ）

楽しみかた

① 　支援者は右手で指２本，左手で指４本（２×４）というふうに，掛け算の問題を出します。

② 　その答えの数だけ，シニアと支援者はいっしょに手をたたいて足ぶみします。

③ 　出題者を交代して，同様にします。

みちお先生のケアポイント

・支援者は，シニアの体力に合わせて，答えを調整してください。

笑いのテクニック

・両手で９本にして，「９×９＝」としても笑えます！

⑱ しりとりウォーク

3文字のあとは4文字で，言葉の数を増やしてしりとりをしましょう！

■ ねらい
と ききめ 　(足腰強化)　(集中力アップ)

楽しみかた

① たとえば，支援者は「り・ん・ご」と3文字の言葉を言いながら，3歩足ぶみをします。
② シニアは「ご・う・か・く」など4文字の言葉を言いながら，4歩足ぶみをします。
③ 5文字，6文字……と続けて，10文字までできたら大成功です！

みちお先生のケアポイント

・足ぶみがむずかしいときは，手をたたきながらしてもオッケーです！

笑いのテクニック
・わざと，最後に「ん」のつくものを言ってしまっても，楽しいです！

⑲ 合わせ鏡体操

支援者の動きを鏡のようにマネしましょう！

ねらい
とききめ 　(肩の柔軟性維持)(反応力アップ)

楽しみかた

① 　支援者はシニアと向かい合わせになります。

② 　支援者とシニアは手のひらを合わせるようにして片手を前に出します。

③ 　支援者は（窓ふきをするような感じで）片手を上下左右に自由に動かします。シニアは（鏡に映る感じでその動作を）マネします。

④ 　手を替えて同様にします。

みちお先生のケアポイント

・シニアの体力レベルに合わせて，手を動かす範囲を調整してください。

笑いのテクニック
・髪の毛を整えたり，あっかんべーをしたりしても笑えます！

㉘ 腕振り前後左右

片手は前後に，反対の手は左右に腕を振りながら足ぶみしましょう！

▌**ねらい**
とききめ　〔 足腰強化 〕〔 巧緻性アップ 〕

楽しみかた

① 　腕を振って，足ぶみをします。
② 　片手は前後に振って，反対の手は左右に振ります。
③ 　８歩で一休み。４回繰り返します。

足ぶみを
８歩

４回
繰り返す

みちお先生のケアポイント

・むずかしいときは，足ぶみをなくして，腕振りだけでもオッケーです！

笑いのテクニック

・胸を張って，堂々と動作すると盛り上がります！

㉑　１・２の３とグーチョキパー

片手でグーチョキパー，反対の手で１・２の３，両手同時にしましょう！

ねらい
とききめ　　(手先の器用さ維持)　(集中力アップ)

楽しみかた

① 　片手の指を１本，２本，３本と伸ばして，３つ数えます。

② 　反対の手で，グーチョキパーをします。

③ 　これを同時にします。（４回繰り返し）

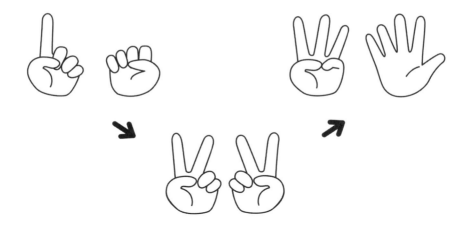

４回繰り返す

みちお先生のケアポイント

・「１・２の３」と声を出してしましょう！

笑いのテクニック

・支援者が，わざとおかしな指を出して間違えるのも，楽しいです！

㉒ グッドとオッケー

片手はグッド，反対の手はオッケーのサインを出しましょう！

■ ねらい
と ききめ 〔 手先の器用さ維持 〕

楽しみかた

① 右手は親指を出して（グッド），左手は人差し指と親指で輪をつくります（オッケー）。
② 手を替えて，同様にします。（右手オッケー左手グッド）
③ 一休みして，4回繰り返します。

手を替えて同様に　4回繰り返す

みちお先生のケアポイント

・むずかしいときは，両手同時にせずに，片方ずつしてもオッケーです！

笑いのテクニック
・①と②の間に，拍手を1回はさむと，混乱して笑えます！

㉓ あべこベケンケンパー

口で「ケンケンパー」と言いながら足でパーケンケンをしましょう！

**ねらい
ときぎめ**　(足腰強化)　(声を出す)

楽しみかた

① 椅子に深く腰かけて，両手で椅子をつかみます。
② 「ケンケンパー」（片足，片足，両足）と言いながら，足はパーパーケン（両足，両足，片足）の動作をします。
③ 一休みして，4回繰り返します。

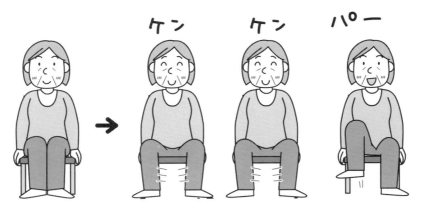

ケン　　　　ケン　　　　パー

4回繰り返す

みちお先生のケアポイント

・むずかしいときは，両足を，「ひらく，ひらく，閉じる」としてもオッケーです！

笑いのテクニック
・いつのまにかケンケンパーになっているのが笑えます！

㉔ 超スローモーション

できる限りゆっくりとグーチョキパーをしましょう！

▌**ねらい**
とききめ 〔 巧緻性アップ 〕 〔 手先の器用さ維持 〕

楽しみかた

① 腕と肩の力を抜いてリラックスします。
② 指先に意識を集中して，できる限りゆっくりしたスピードでグーチョキパーをします。
③ 一休みして，4回繰り返します。

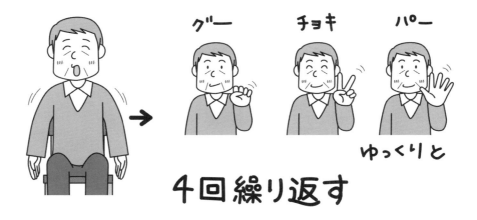

グー　　チョキ　　パー

ゆっくりと

4回繰り返す

みちお先生のケアポイント

・ふつう，ゆっくり，もっとゆっくりと，スピードの段階を分けてするとかんたんです！

笑いのテクニック
・おもいっきり低い声で「ぐう〜・ちょき〜・ぱあ〜」と言いながらすると笑えます！

㉕ 聞いて拍手

支援者の言った言葉の文字数に合わせて手をたたきましょう！

ねらい
とききめ　┃　手先の器用さ維持　┃　集中力アップ

楽しみかた

① シニアは，支援者が言った言葉の文字数に合わせて手をたたきます。

② たとえば，「そら」→パン・パン。「りんご」→「パン・パン・パン」。

③ 支援者は，いろんな言葉をランダムに繰り返します。

りんご

パン パン パン

みちお先生のケアポイント

・はじめは，２文字や３文字の言葉で，少しずつ文字数を増やしていきましょう！

笑いのテクニック

・「みそバターラーメン」，「東京ディズニーランド」など，文字数の多い言葉にしても楽しいです！

㉖ 足は前後で手は上下

足を前後に動かしながら，両手を上げたり下げたりしましょう！

| **ねらい**
ときぎめ （足腰強化）（肩の柔軟性維持）

楽しみかた

① 　右手を上げながら右足を前に出します（1）。左手を上げながら左足を前に出します（2）。

② 　右手を下げながら右足を戻します（3）。左手を下げながら左足を戻します（4）。

③ 　「1・2・3・4」と声を出してどうぞ！（4回繰り返し）

4回繰り返す

みちお先生のケアポイント

・むずかしいときは，手をたたきながらしてもオッケーです！

笑いのテクニック
・「アゲ・アゲ・サゲ・サゲ」とセリフを変えてしても笑えます！

27 手か足か

話をよく聞いて，手，足のどちらかでグーチョキパーをしましょう！

▌ねらい
とききめ　〔 足腰強化 〕〔 集中力アップ 〕

楽しみかた

① 　支援者が，「グーチョキパー，手！」と言ったら，シニアは手でグーチョキパーをします。

② 　支援者が，「グーチョキパー，足！」と言ったら，シニアは足でグーチョキパーをします。

③ 　支援者は，手と足をランダムに繰り返します。

みちお先生のケアポイント

・足のグーチョキパーは，足を，閉じる，前後，ひらく，と動作します。

笑いのテクニック

・「チョキグーパー」や「パーチョキグー」など順番を入れ替えても楽しくできます！

コラム①

正しさよりも楽しさを優先する

もしも。
集団で体操をしているとします。
でも，ひとりだけ違う動きをしている。
そんな人を見つけたら，どうしますか？

音楽に合わせて手をたたいていたときのことです。
ある女性シニアだけが，手ではなく，ひざをたたいていました。
全員が手をたたいているのに。
さて，それを見たボクは，どうしたでしょうか？

スルーした（何もせずにそのまま続けた）？
ブー。

その女性シニアに手をたたくように促した？
ブー。

正解は，ボクもひざをたたいた。

ボクがひざをたたけば，全員がひざをたたきます。
つまり，ボクが女性シニアのマネをしたのです。
これで全員同じ動きです。

正しいとか間違ってるとか。
ボクにとっては，どっちでもいいんです。
大切なことは，楽しく体を動かすこと，ですから。

㉘ まねっこ大なわとび

支援者は大なわを回して，シニアは跳ぶマネをしましょう！

| ねらい と**ききめ** | 反応力アップ | 首のストレッチ |

楽しみかた

① 　支援者は，片腕を大きく動かして，大なわとびを回すマネをします。
② 　シニアは，支援者のなわを回す動作に合わせて，ジャンプするマネ（両足を上げる）をします。
③ 　一休みして，４回繰り返します。

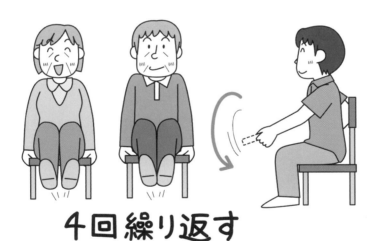

４回繰り返す

みちお先生のケアポイント

・むずかしいときは，かかとを上げてジャンプするマネでもオッケーです！

笑いのテクニック
・「大波小波」の歌（おおなみこなみ〜）を歌いながらすると盛り上がります！

㉙ 超巨大ハンドル

絶対にありえないくらい大きなハンドルで運転するマネをしましょう！

ねらい	
とききめ	手先の器用さ維持　イメージ力アップ

楽しみかた

① ハンドルを持って，車の運転をするマネをします。

② 徐々にハンドルを大きくしていき，最後は，ありえないくらいの巨大なハンドルで運転をします。

③ 最後は，ふつうのハンドルに戻して，ブレーキをかけて終わります。

みちお先生のケアポイント

・ハンドルを持つ手は軽く握ると，リラックスして動作出来ます！

笑いのテクニック

・ありえないぐらいちっちゃなハンドルで運転しても笑えます！

㉚ ものまねタッチ

支援者が出した手に合わせてタッチするマネをしましょう！

| ねらい
とききめ | 反応力アップ 　肩の柔軟性維持 |

楽しみかた

① 　支援者はシニアと向かい合わせになります。

② 　支援者が右手を出したらシニアは左手で，支援者が左手を出したらシニアは右手でタッチするマネをします。

③ 　支援者は，手を上下左右に動かして，タッチする位置をランダムに変えて繰り返します。

みちお先生のケアポイント

・支援者はシニアの目を見ながらすると，動作がスムーズになります。

笑いのテクニック

・下ですると見せかけて上でしたり，左ですると見せかけて右でしたり，ときどきフェイントを混ぜると楽しくできます！

㉛ あとだし全身じゃんけん

全身であとだしじゃんけんをしましょう！

■ ねらい
とききめ　〔 腕のストレッチ 〕〔 肩の柔軟性維持 〕

楽しみかた

① グーは腕を組む。チョキは両腕を前に伸ばす。パーはバンザイとします。
② 支援者とシニアでじゃんけんをして，シニアはあとだしで支援者に勝つ
ものを出します。
③ 支援者はグーチョキパーをランダムに繰り返します。

グー　　　チョキ　　　パー

みちお先生のケアポイント

・グーのときは「グー」と声を出してするとわかりやすいです！

笑いのテクニック
・テンポを速くすると間違えやすくなります。その間違えが笑いにつなが
ります！

㉜ あんたがた笑顔

「さ」のところで，ニッコリと笑いましょう！

ねらい　とききめ　　リズム体感　　顔の体操

楽しみかた

① 「あんたがたどこさ」の歌に合わせて，手をたたきます。
② ただし「さ」のところは声を出さずに，人差し指をほっぺたにつけて ニッコリ笑います。
③ 笑ってできたら最高です！

あんたがたど"こ♪

みちお先生のケアポイント

・むずかしいときは，ふつうに歌いながら手をたたいてもオッケーです！

笑いのテクニック
・「さ」のところを，びっくり顔に変えても楽しいです！

㉝ かめはめヤ

「か・め・は・め・ヤー！」と元気に声を出して手を前に押し出しましょう！

■ **ねらい**
とききめ 〔腕のストレッチ〕〔声を出す〕

楽しみかた

① 両手を軽く握って，どちらかの腰に両手を当てます。

② 「か・め・は・め・ヤー！」と声を出して，両手をパーにして前に押し出します。

③ 元気な声が出たら最高です！（4回繰り返し）

か・め・　は・め・　ヤー！

4回繰り返す

みちお先生のケアポイント

・むずかしいときは，グーパー（パーを前に押し出す）でしてもオッケーです！

笑いのテクニック
・「ヤ」を溜めまくっても笑えます！

34 いぬはニャー

「いぬ」と言ったら，ねこのポーズをして「ニャー」と言いましょう！

ねらいとききめ　反応力アップ　握力アップ

楽しみかた

① 支援者が「いぬ」と言ったら，シニアは顔の横で両手をグーにして「ニャー」と言います。
② 支援者が「ねこ」と言ったら，シニアは胸の前で両手をグーにして「ワン」と言います。
③ ランダムに繰り返します。

みちお先生のケアポイント

・むずかしいときは，ポーズをカットして，「いぬ」と言ったら「ニャー」と言う，言葉だけでもオッケーです！

笑いのテクニック

・支援者が「ニャー」とか「ワン」とか言い出しても笑えます！

㉟ たけのこニョッキ

「たけのこニョッキ」と声を出しながら両腕を上に伸ばしましょう！

**ねらい
とききめ** （肩の柔軟性維持）（腕のストレッチ）

楽しみかた

① 支援者はシニアと向かい合わせになります。

② 胸の前で合掌します。「たけのこニョッキ」と言いながら，右上か左上
のどちらかに両腕を伸ばします。

③ シニアは支援者と反対の方向に腕を伸ばしたら大成功です！（ランダム
に繰り返し）

みちお先生のケアポイント

・いっしょに声を出してすると，タイミングがとりやすくなります！

笑いのテクニック

・両腕を，真上に伸ばしたり，前に伸ばしたり，想定外の行動が笑えます！

36 笑って片足立ち

片足をひらいて上げて，ニッコリ笑いましょう！

ねらい
とききめ　バランス力アップ

楽しみかた

① 　片足を横にひらいて，上げます。
② 　バンザイして，ニッコリ笑います。
③ 　足を替えて，同様にします。

足を替えて 同様に

みちお先生のケアポイント

・むずかしいときは，足を上げずに，かかとだけを上げてもオッケーです！

笑いのテクニック
・バンザイするかわりに，人差し指をほっぺたにつけても笑えます！

㊲ けんすい

けんすいするつもりで，両腕を伸ばしたり曲げたりしましょう！

**ねらい
とききめ**　肩の柔軟性維持　姿勢保持

楽しみかた

① 足を肩幅にひらいて，背筋を伸ばします。
② 鉄棒でけんすいをしているつもりで，腕を伸ばしたり曲げたりしましょう！
③ 一休みして，4回繰り返します。

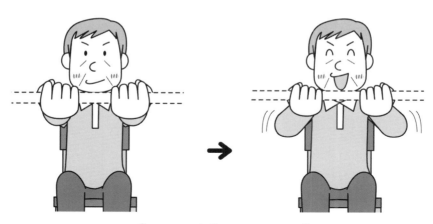

4回繰り返す

みちお先生のケアポイント

・腕を曲げるときに息をはくようにしましょう！

笑いのテクニック
・がんばっているような表情ですると，盛り上がります！

38 あやつり人形

あやつり人形のように手足を動かしましょう！

| ねらい
とききめ | バランス力アップ　足腰強化 |

楽しみかた

① 手と足が同時の動きになるように足ぶみをします。

② あやつり人形のように，手足を動かしましょう！

③ 「ハハハ……」と声を出して笑いながらどうぞ！

みちお先生のケアポイント

・腕と肩の力を抜いて，リラックスしてしましょう！

笑いのテクニック

・突然，糸が切れたように動きを止めて，また，いきなり動き出すとおもしろいです！

㉟ だるまさんがあっかんべー

だるまさんがころんだをするようにあっかんべーをしましょう！

■ ねらい
とききめ　反応力アップ　姿勢保持

楽しみかた

① 両手をひざに置いて，背筋をまっすぐに伸ばします。

② シニアは支援者が後ろを向いている間だけ，「あっかんべー」をします。

③ シニアが振り向く直前に，元の姿勢に戻ります。上手にできたら大成功
です！

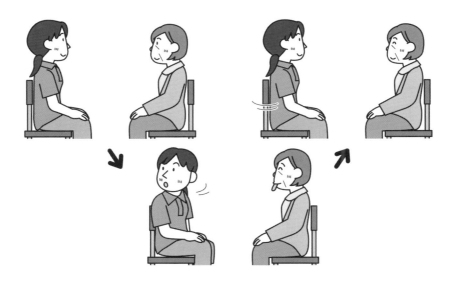

みちお先生のケアポイント

・はじめに，あっかんべーにトライしましょう！

笑いのテクニック
・もう振り向いているのに，あっかんべーし続けるのも笑えます！

㊵ 振り向いてじゃんけん

体をねじってじゃんけんしましょう！

┃ **ねらい**
┃ **とききめ**　　（ 体側のストレッチ ）（ 声を出す ）

楽しみかた

① 　支援者はシニアと背中合わせになるように座ります。
② 　「じゃんけんぽい」と声を出して，後ろを振り向いてじゃんけんをします。
③ 　あいこが出たら成功です！　あいこが５回でおしまいです。

みちお先生のケアポイント

・むずかしいときは，あいこの数を減らしてもオッケーです！

笑いのテクニック
・支援者は，わざと足の間からじゃんけんをしても笑えます！

コラム②

タオルでできる体操を 10 個考えてください

いきなりですが問題です。
お手玉を使ってできる体操（遊び）を 10 個考えてください。

「10 個なんて絶対無理」
わかりました。じゃあ 3 つだけ。

ボクだったら……。

頭にのせて足ぶみしてみる。
上に投げて頭にのせてみる。
目を閉じたまま上に投げて捕ってみる。
段ボール箱を 2 つ重ねてお手玉をぶつけて落としてみる。
（詳しくは，『思いっきり笑える！ 要介護シニアも集中して楽しめる運動不足解消体操 40　付・お手玉体操 10』を参照）

すみません。4 つになっちゃいました。

ひとつの道具で 10 通りの遊びが出来るとしたら？
ひとつ 3 分としても，全部で 30 分になります。
つまり，これで 30 分の運動ができます。
体のあちこちを動かしたり，あきずに長続きできます。
これが，ひとつの道具でたくさんの遊びをするメリットなのです。

では，最後にまた問題です。
タオルを使ってできる体操（遊び）を 10 個考えてください。
答えは，次のページにあります。

① フライパン

手のひらにのせたタオルを空中でひっくり返しましょう！

ねらい
とききめ 　[巧緻性アップ]

楽しみかた

① 　タオルを手のひらぐらいの大きさにたたみます。
② 　手のひらにタオルをのせて，フライパンをあおるようにして，タオルを
　ひっくり返します。
③ 　うまくできたら最高です！

みちお先生のワンポイント

・むずかしいときは，ひっくり返さずにしてもオッケーです！

笑いのテクニック
・（わざと）あやまってタオルを全然違う方向に飛ばすのも笑えます！

51

② ワンハンドキャッチ

片手で上に投げて，反対の手でキャッチしましょう！

ねらい
ときぎめ
（ 敏捷性アップ ）（ 手先の器用さ維持 ）
びんしょうせい

楽しみかた

① 手のひらサイズにタオルをたたみます。
② 片手の手のひらの上にのせて上に投げます。
③ 反対の手のひらの上にのせてキャッチします。手を替えて同様にします。
　10回トライしましょう！

10回 トライ
しましょう

みちお先生のワンポイント

・むずかしいときは，両手でキャッチしてもオッケーです！

笑いのテクニック
・差し出した手に，かすりもせずに落ちるのも笑えます！

③ まねっこ跳び

タオルを回してなわとびを跳ぶマネをしましょう！

ねらい
とききめ (手先の器用さ維持) (足腰強化)

楽しみかた

① 片手でタオルの端を持ちます。

② なわとびを跳ぶように，タオルを回して，両足でジャンプします（両足を上げます）。

③ 一休みして，4回繰り返します。

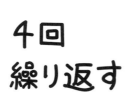

みちお先生のワンポイント

・ジャンプするのがむずかしいときは，かかとを上げるだけでもオッケーです！

笑いのテクニック
・支援者は，かけ足とび，後ろとび，二重とびなど，いろいろな跳びかたを見せると盛り上がります！

④ 足指タオル

足指を曲げたり伸ばしたりして，タオルをたぐり寄せましょう！

ねらい とききめ	足指の器用さ維持

楽しみかた

①　タオルを広げて，足元に置きます。
②　足指を尺取虫のように動かして，タオルをたぐり寄せます。
③　一休みして，4回繰り返します。

４回繰り返す

みちお先生のワンポイント

・くつやうわばきは脱いでしましょう！

笑いのテクニック
・支援者が，手拍子したり，声援を送ったりすると盛り上がります！

❺ 棒タオル

タオルを棒のようにして投げたり捕ったりしましょう！

┃ねらい
┃とききめ　〔 反応力アップ 〕〔 手先の器用さ維持 〕

楽しみかた

① 　タオルを棒のように長く丸めます。
② 　シニアは両手で棒（タオル）を持って，支援者に投げてパスします。支援者も同じようにシニアにパスします。
③ 　同様にして，繰り返します。10 回続いたら最高です！

みちお先生のワンポイント

・むずかしいときは，棒の長さが短くなるようにタオルを丸めてしてもオッケーです！

笑いのテクニック
・「はい！」とか「それ！」とか声を掛けてパスすると盛り上がります！

55

⑥ ごしごしタオル

タオルで背中を洗うマネをしましょう！

▎**ねらい**
とききめ 　〔 腕のストレッチ 〕〔 肩の柔軟性維持 〕

楽しみかた

①　足を肩幅にひらいて，背筋を伸ばします。
②　タオルで背中をゴシゴシと洗うマネをします。
③　一休みして，上下の手を替えて同様にします。

上下の
手を替えて
同様に

みちお先生のワンポイント

・タオルを長く持つとかんたんに，短く持つと難しくなります。シニアの
　体力レベルに合わせてどうぞ！

笑いのテクニック
・背中をゴシゴシするはずなのに，わざと頭をゴシゴシしたり，ひざをゴ
　シゴシしたりすると笑いになります！

⑦ 投球練習

ボールを投げるように，タオルを持って上から腕を振り下ろしましょう！

┃ ねらい と ききめ　（肩の柔軟性維持）

楽しみかた

①　片手でタオルの端っこを持ちます。

②　（タオルを持った手で）ボールを投げるマネをします。

③　手を替えて同様にします。（交互に4回ずつ）

交互に4回ずつ

みちお先生のワンポイント

・腕と肩の力を抜いてリラックスしてしましょう！

笑いのテクニック

・投げるマネが，ホントに投げちゃうと笑えます！

⑧ ヘッドタオル

たたんだタオルを上に投げて頭の上にのせましょう！

| ねらい
とききめ　　(反応力アップ)　(手先の器用さ維持)

楽しみかた

① 手のひらサイズにタオルをたたみます。
② タオルを上に投げて，頭の上にのせます。
③ うまくできたら最高です！（10回トライ）

10回 トライしましょう

みちお先生のワンポイント

・顔の前から（なるべく高いところから）投げるとかんたんにできます！

笑いのテクニック
・頭にのるハズが，はるか後ろにタオルが落ちると笑えます。

❾ ひとりでキャッチ

タオルを広げたまま両手で上に投げてキャッチしましょう！

ねらい
とききめ　(手先の器用さ維持)　(反応力アップ)

楽しみかた

①　タオルを広げて，両手を前に出して，手のひらの上にのせます。
②　タオルを上に投げて，両手でキャッチします。
③　10回トライしましょう！

10回 トライしましょう

みちお先生のワンポイント

・はじめは低く投げて，徐々に高くしていきましょう！

笑いのテクニック
・「はい！」「それ！」など声を出してすると楽しいです！

⑩ タオル掛け

横に伸ばした腕に引っ掛けるようにしてタオルを投げましょう！

▌ねらい
とききめ　　〔 腕のストレッチ 〕〔 集中力アップ 〕

楽しみかた

① 　支援者はシニアと向かい合わせになります。
② 　支援者は両腕を横に伸ばします。シニアはどちらかの腕に引っ掛けるようにしてタオルを投げます。
③ 　うまくできたら大成功です！　シニアと支援者で交互に繰り返します。

みちお先生のワンポイント

・シニアの体力に合わせて，距離を短くしたり長くしたりして調整してください。

笑いのテクニック
・支援者は多少腕を動かして，うまくいくようにアシストすると盛り上がります！

おわりに

しゃべらない体操と声を出す体操

「なるべく声を出さないで体操してください」

それは，ある介護現場からの要望でした。
新型コロナ予防の感染対策としてのことです。

というのも，実は，ボクの体操は，かなり大きな声を出していたからです。

「ぐうっ！　ぱあー！……」（グーパーしながら）
「いち！　にい！　いち！　にい！……」（足ぶみしながら）
「もりっ！　もりっ！」（モリモリポーズをしながら）

こんな具合に，声を出して体操をしていました。

　現場スタッフからは，「あんなにおっきな声が出るんですね〜」と，よく
驚かれていました。
　なので，感染リスクを避けるためにも，「なるべく声を出さないで……」
となります。

　声を出すのにはメリットがあります。

　声を出すと元気が出る。
　元気が出れば，体がよく動くようになる。
　年齢や心身レベルに関係なく，誰にでも簡単にできる。
　雰囲気が盛り上がる。
　気持ちがスッキリする。

　では，声を出さずに体操をするとどうなるのか？

一切説明なし，すべて身振り手振りです。
ところが，そこには意外なメリットがありました。

身振り手振りで説明するので，こちらをとてもよく見る。
最初から最後まで，目をそらさずに，集中力が持続する。
話さないので，目で見て，理解しようとする。
伝える側（ボク）と伝えられる側（シニア）に一体感が生まれる。
表情や身振り手振りなど表現力を駆使するようになる。

それを本にしたのが，「しゃべらなくても楽しい！　○○体操」です。
このシリーズ，気づいたら，なんと 14 冊もありました！
（『しゃべらなくても楽しい！　椅子に座ってできるシニアの 1，2 分間筋ト
レ体操 55』ほか 13 冊）

やはり現場では，感染対策をしながらの運動不足解消に悩んでいたのです。
そして今。

現場では感染対策も少しずつ緩和されてきています。
声も出せるようになってきました。（ただし全員マスク着用です）
この本にも，歌ったり，声を出したりする体操があります。

声を出す体操としゃべらない体操。

どちらの体操がよいというのではありません。
どちらにもメリットがあります。
これからまた，どんな感染症が流行するかわかりません。

現場の状況に合わせて，このふたつの体操を使い分けていこうと思います。
　そして，この本が，みなさまの役に立つようであれば，心からうれしく思
います。

　　令和 5 年 12 月
　　　　　　　　楽しい体操インストラクター　みちお先生（斎藤道雄）

著者紹介

●斎藤道雄

体操講師，ムーヴメントクリエイター，体操アーティスト。

クオリティ・オブ・ライフ・ラボラトリー主宰。

自立から要介護シニアまでを対象とした体操支援のプロ・インストラクター。

体力，気力が低下しがちな要介護シニアにこそ，集団運動のプロ・インストラクターが必要と考え，運動の専門家を数多くの施設へ派遣。

「お年寄りのふだん見られない笑顔が見られて感動した」など，シニアご本人だけでなく，現場スタッフからも高い評価を得ている。

[お請けしている仕事]
○体操教師派遣（介護施設，幼稚園ほか）　○講演　○研修会　○人材育成　○執筆

[体操支援・おもな依頼先]
○養護老人ホーム長安寮
○有料老人ホーム敬老園（八千代台，東船橋，浜野）
○淑徳共生苑（特別養護老人ホーム，デイサービス）ほか

[講演・人材育成・おもな依頼先]
○世田谷区社会福祉事業団
○セントケア・ホールディングス（株）
○（株）オンアンドオン（リハビリ・デイたんぽぽ）ほか

[おもな著書]
○『脳も体も一緒に元気になる健康体操40　付・新聞棒体操10』
○『思いっきり笑える！　シニアの足腰を強くする転ばない体操40　付・ペットボトル体操10』
○『思いっきり笑える！　シニアの笑顔ストレッチ＆体ほぐし体操40　付・新聞紙体操10』
○『思いっきり笑える！　要介護シニアも集中して楽しめる運動不足解消体操40　付・お手玉体操10』
○『思いっきり笑える！　シニアの介護予防体操40　付・支援者がすぐに使える笑いのテクニック10』
○『しゃべらなくても楽しい！　椅子に座ってできるシニアの1，2分間筋トレ体操55』
○『しゃべらなくても楽しい！　シニアの筋力低下予防体操40＋体操が楽しくなる！　魔法のテクニック10』
○『しゃべらなくても楽しい！　シニアの笑顔で健康体操40＋体操支援10のテクニック』
○『しゃべらなくても楽しい！　シニアの立っても座ってもできる運動不足解消健康体操50』
（以上，黎明書房）

[お問い合わせ]
ホームページ「要介護高齢者のための体操講師派遣」: http://qollab.online/
メール： qollab.saitoh@gmail.com
＊イラスト・さややん。

脳も体も一緒に元気になる長生き体操40　付・タオル体操10

2024 年 2 月 25 日　初版発行

著　者　斎　藤　道　雄
発行者　武　馬　久仁裕
印　刷　藤原印刷株式会社
製　本　協栄製本工業株式会社

発　行　所　　　株式会社　黎　明　書　房

〒460-0002　名古屋市中区丸の内 3-6-27　EBS ビル　☎ 052-962-3045
FAX 052-951-9065　振替・00880-1-59001
〒101-0047　東京連絡所・千代田区内神田 1-12-12　美土代ビル 6 階
☎ 03-3268-3470

脳も体も一緒に元気になる健康体操 40 付・新聞棒体操 10 斎藤道雄著　　　　　　B5・63頁　1720円	運動不足解消と脳トレが同時にできる40種の健康体操を収録。「だるまさんがころんだ」などの体操で，頭と体を楽しく動かしましょう！　新聞棒を使った簡単で楽しい10の体操も紹介。2色刷。
思いっきり笑える！　シニアの足腰を強くする転ばない体操 40　付・ペットボトル体操 10 斎藤道雄著　　　　　　B5・63頁　1720円	足腰を強くし運動不足も解消する一挙両得の「つまずかない転ばない体操」で，シニアも支援者も笑顔に！　ペットボトルを使った簡単で盛り上がる体操も紹介。2色刷。
思いっきり笑える！　シニアの笑顔ストレッチ＆体ほぐし体操 40　付・新聞紙体操 10 斎藤道雄著　　　　　　B5・63頁　1720円	笑顔ストレッチで脱マスク老け！　「レロレロ体操」「キリンの首伸ばし」などの楽しい体操で，全身をほぐしましょう。新聞紙を使った簡単で盛り上がる体操も紹介。2色刷。
思いっきり笑える！　要介護シニアも集中して楽しめる運動不足解消体操 40　付・お手玉体操 10 斎藤道雄著　　　　　　B5・63頁　1720円	しゃべらなくても楽しい体操で運動不足解消！シニアも支援者（おうちの方）も集中して楽しめる体操がいっぱいです。お手玉を使った体操も紹介。2色刷。
思いっきり笑える！　シニアの介護予防体操 40付・支援者がすぐに使える笑いのテクニック 10 斎藤道雄著　　　　　　B5・63頁　1720円	日常生活の動作も取り入れた体操40種と，体操をもっと面白くする支援者のための笑いのテクニックを10収録。立っていても座っていても出来て，道具も必要ないので安心。2色刷。
しゃべらなくても楽しい！　椅子に座ってできるシニアの 1，2分間筋トレ体操 55 斎藤道雄著　　　　　　B5・68頁　1720円	椅子に掛けたまま声を出さずに誰もが楽しめる筋トレ体操を55種収録。生活に不可欠な力をつける体操が満載です。2色刷。『椅子に座ってできるシニアの1，2分間筋トレ体操55』を改訂。
しゃべらなくても楽しい！　シニアの筋力低下予防体操 40 ＋体操が楽しくなる！　魔法のテクニック 10 斎藤道雄著　　　　　　B5・63頁　1700円	「ドアノブ回し」などの日常生活の動作も取り入れた，しゃべらずに座ったままできる楽しい体操40種と，体操をもっと効果的にする10のテクニックを紹介。シニアお一人でもできます。2色刷。
しゃべらなくても楽しい！　シニアの笑顔で健康体操 40 ＋体操支援 10 のテクニック 斎藤道雄著　　　　　　B5・63頁　1700円	「おさるさんだよ～」をはじめ，思わず笑ってしまうほど楽しくて誰でも続けられる体操40種と，支援者のための10のテクニックを紹介。シニアお一人でもお使いいただけます。2色刷。
しゃべらなくても楽しい！　シニアの立っても座ってもできる運動不足解消健康体操 50 斎藤道雄著　　　　　　B5・63頁　1700円	立っても座ってもできるバラエティー豊かな体操で，楽しく運動不足解消！　「かんぱーい！」「ふたりのキズナ」など，効果的な体操がいっぱい。シニアお一人でもお使いいただけます。2色刷。

表示価格は本体価格です。別途消費税がかかります。